Impressum
Verlag: BABADADA GmbH, Nedderfeld 112 , 22529 Hamburg
Geschäftsführer / Verlagsleitung: Harald Hof
Druck: Books on Demand GmbH, In de Tarpen 42, 22848 Norderstedt

Imprint
Publisher: BABADADA GmbH, Nedderfeld 112 , 22529 Hamburg, Germany
Managing Director / Publishing direction: Harald Hof
Print: Books on Demand GmbH, In de Tarpen 42, 22848 Norderstedt

okul

colegio

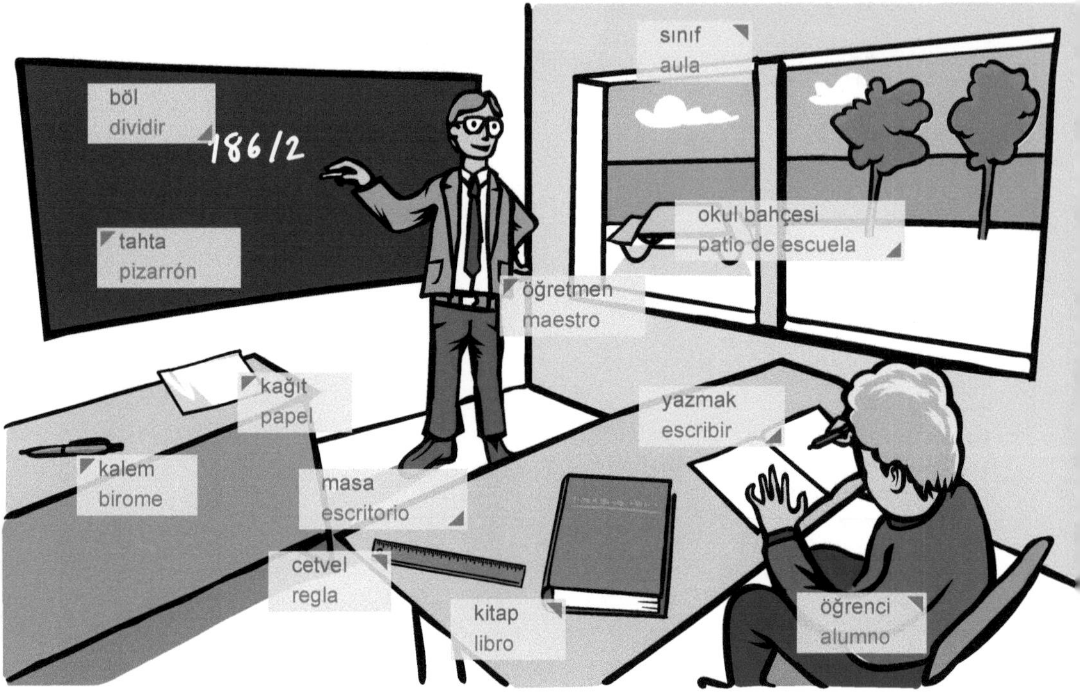
sınıf
aula
böl
dividir
186/2
tahta
pizarrón
okul bahçesi
patio de escuela
öğretmen
maestro
kağıt
papel
yazmak
escribir
kalem
birome
masa
escritorio
cetvel
regla
kitap
libro
öğrenci
alumno

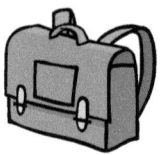

okul çantası

mochila

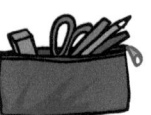

kalemlik

caja de lápices

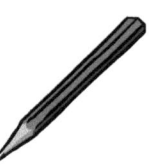

kurşun kalem

lápiz

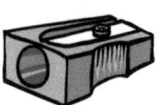

kalem açacağı

sacapuntas

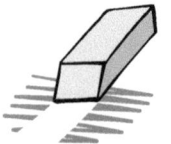

silgi

goma (de borrar)

çizim defteri

bloc de dibujo

çizim
dibujo

resim fırçası
pincel

boya kutusu
caja de pinturas

makas
tijera

tutkal
pegamento

alıştırma kitabı
cuaderno de ejercicios

ödev
tarea

sayı
número

ekle
sumar

çıkar
restar

çarp
multiplicar

hesapla
calcular

harf
letra

alfabe
abecedario

kelime
palabra

metin

texto

okumak

leer

tebeşir

tiza

ders

lección

kayıt

cuaderno de clase

sınav

examen

sertifika

certificado

okul forması

uniforme escolar

eğitim

educación

ansiklopedi

enciclopedia

üniversite

universidad

mikroskop

microscopio

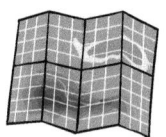

harita

mapa

kağıt çöp kutusu

tacho (de basura)

seyahat
viaje

otel
hotel
Grand
pansiyon
hostel
ROOMS
EXCHANGE
döviz bürosu
casa de cambio
bavul
valija
otomobil
auto

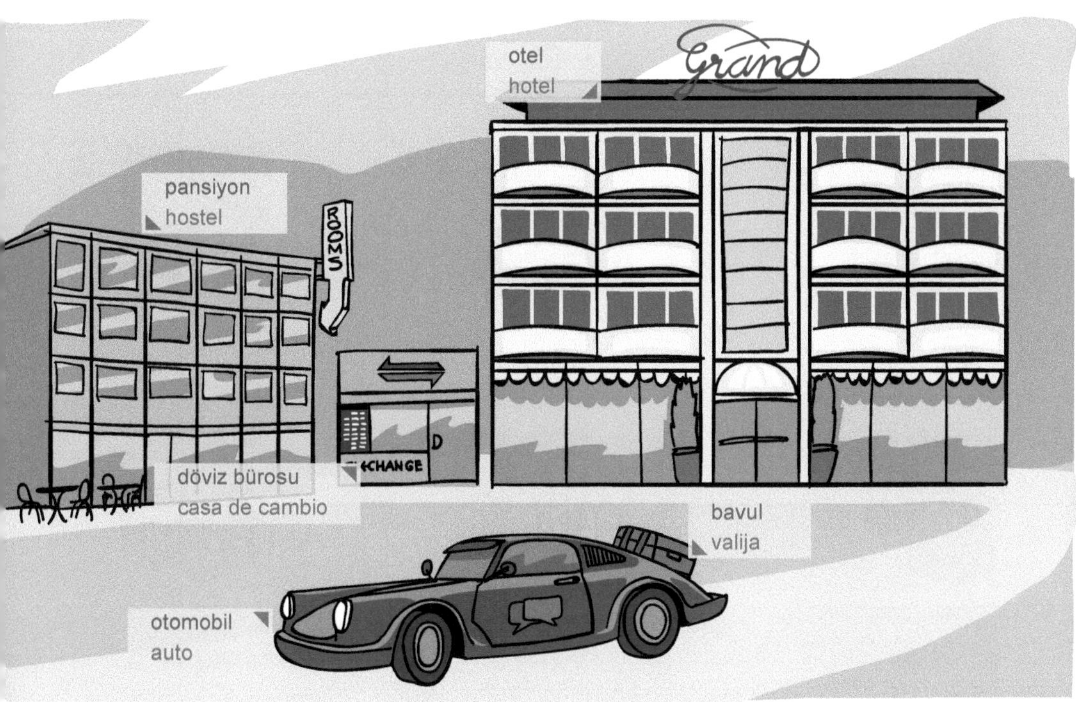

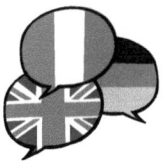

dil

idioma

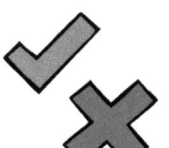

evet / hayır

sí / no

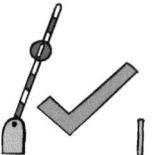

Tamam

Está bien

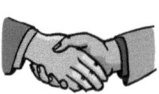

merhaba

hola

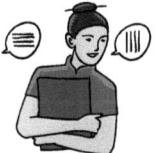

çevirmen

traductor

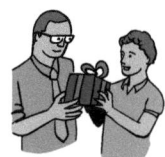

Teşekkür ederim

Gracias

bu ... ne kadar?

¿cuánto cuesta...?

anlamadım

No entiendo

problem

problema

İyi akşamlar!

¡Buenas tardes!

Günaydın!

¡Buenos días!

İyi geceler!

¡Buenas noches!

güle güle

adiós

yön

dirección

bagaj

equipaje

çanta

bolso

sırt çantası

mochila

misafir

invitado

oda

habitación

uyku tulumu

bolsa de dormir

çadır

carpa

turist danışma

información turística

sahil

playa

kredi kartı

tarjeta de crédito

kahvaltı

desayuno

öğle yemeği

almuerzo

akşam yemeği

cena

Bilet

pasaje

asansör

ascensor

pul

sello

sınır

frontera

gümrük

aduana

elçilik

embajada

vize

visa

pasaport

pasaporte

ulaşım

transporte

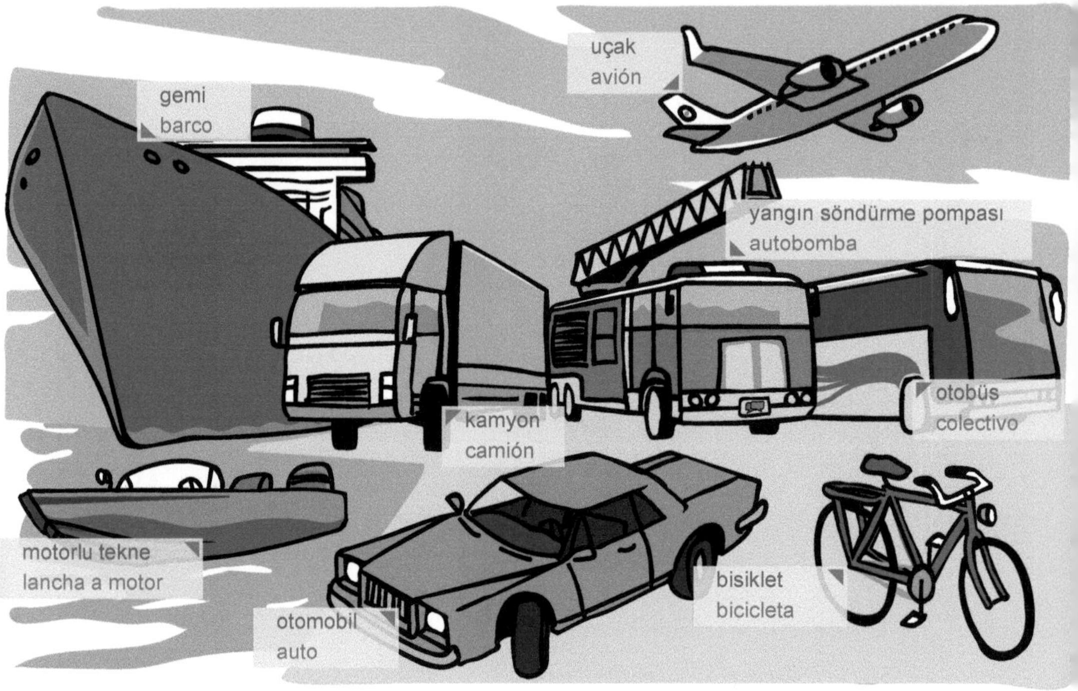
gemi
barco
uçak
avión
yangın söndürme pompası
autobomba
kamyon
camión
otobüs
colectivo
motorlu tekne
lancha a motor
otomobil
auto
bisiklet
bicicleta

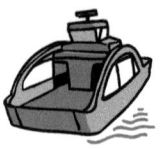

feribot

ferry

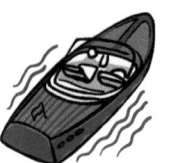

bot

bote

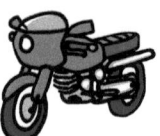

motosiklet

moto

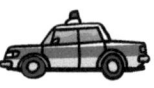

polis arabası

patrullero

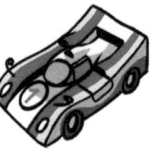

yarış arabası

auto de carreras

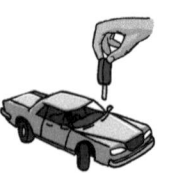

kiralık araba

auto de alquiler

ortak araba

alquiler de autos

çekici

grúa

çöp kamyonu

camión de basura

motor

motor

yakıt

nafta

benzinlik

estación de servicio

trafik işareti

señal de tránsito

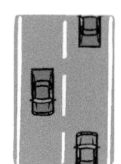

trafik

tránsito

trafik sıkışıklığı

embotellamiento

otopark

estacionamiento

tren istasyonu

estación de tren

ray

vías

tren

tren

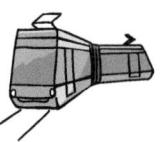

tramvay

tranvía

vagon

vagón

helikopter

helicóptero

havaalanı

aeropuerto

kule

torre

yolcu

pasajero

konteyner

contenedor

koli

caja de cartón

yük arabası

carretilla

sepet

canasta

kalkış / iniş

despegar / aterrizar

şehir
ciudad

köy

pueblo

şehir merkezi

centro de ciudad

ev

casa

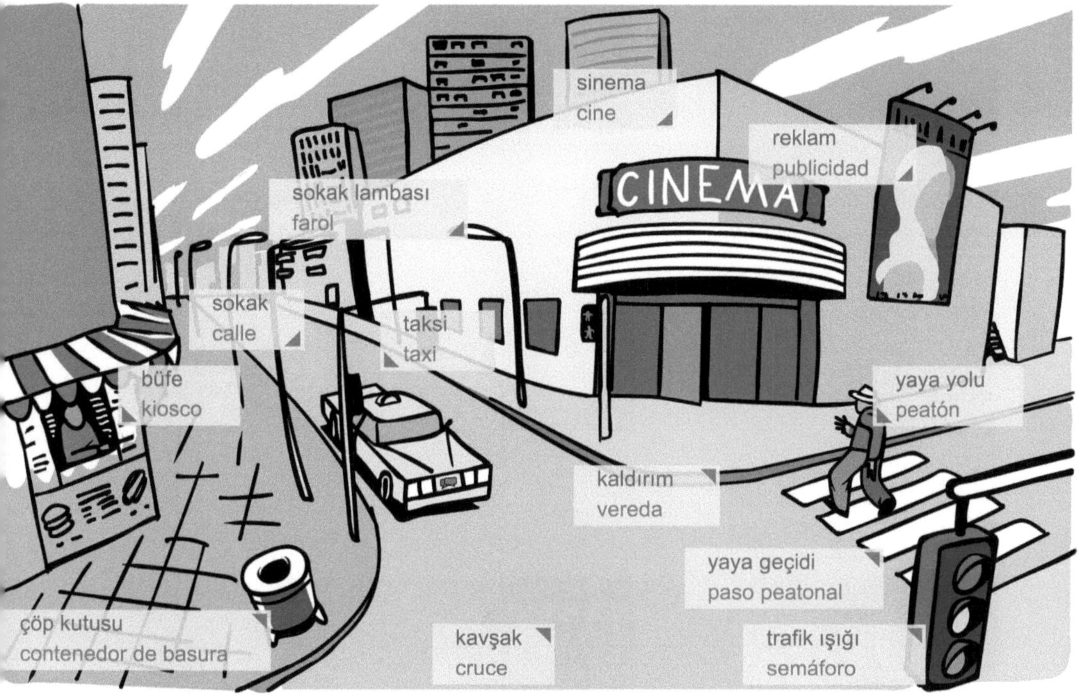

sinema / cine

reklam / publicidad

sokak lambası / farol

CINEMA

sokak / calle

taksi / taxi

büfe / kiosco

yaya yolu / peatón

kaldırım / vereda

yaya geçidi / paso peatonal

çöp kutusu / contenedor de basura

kavşak / cruce

trafik ışığı / semáforo

kulübe
cabaña

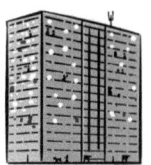

apartman dairesi
departamento

tren istasyonu
estación de tren

belediye binası
municipalidad

müze
museo

okul
colegio

üniversite
universidad

banka
banco

hastane
hospital

otel
hotel

eczane
farmacia

ofis
oficina

kitapçı
librería

mağaza
negocio

çiçekçi
florería

süpermarket
supermercado

market
mercado

büyük mağaza
grandes tiendas

balık satıcısı
pescadería

alışveriş merkezi
centro comercial

liman
puerto

park

parque

bank

banco

köprü

puente

merdiven

escaleras

metro

subte

tünel

túnel

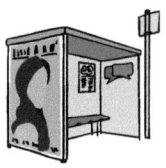

otobüs durağı

parada del colectivo

bar

bar

restoran

restaurante

posta kutusu

buzón

sokak tabelası

letrero

otopark sayacı

parquímetro

hayvanat bahçesi

zoológico

yüzme havuzu

pileta

cami

mezquita

çiftlik
granja

kirlilik
contaminación

mezarlık
cementerio

kilise
iglesia

oyun alanı
juegos infantiles

tapınak
templo

arazi

paisaje

yaprak
hoja

yön tabelası
poste indicador

yol
camino

çayır
pradera

taş
piedra

ağaç
árbol

yürüyüşçü
excursionista

ırmak
río

çimen
hierba

çiçek
flor

vadi
valle

tepe
montaña

göl
lago

orman
bosque

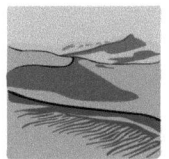

çöl
desierto

volkan
volcán

kale
castillo

gökkuşağı
arco iris

mantar
champiñón

palmiye
palmera

sivrisinek
mosquito

sinek
mosca

karınca
hormiga

arı
abeja

örümcek
araña

böcek

escarabajo

kurbağa

rana

sincap

ardilla

kirpi

erizo

yabani tavşan

liebre

baykuş

lechuza

kuş

pájaro

kuğu

cisne

yaban domuzu

jabalí

geyik

ciervo

geyik

alce

baraj

presa

rüzgar türbini

aerogenerador

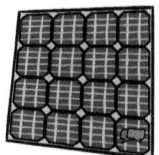

güneş paneli

panel solar

iklim

clima

restoran
restaurante

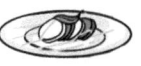

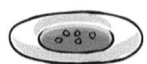

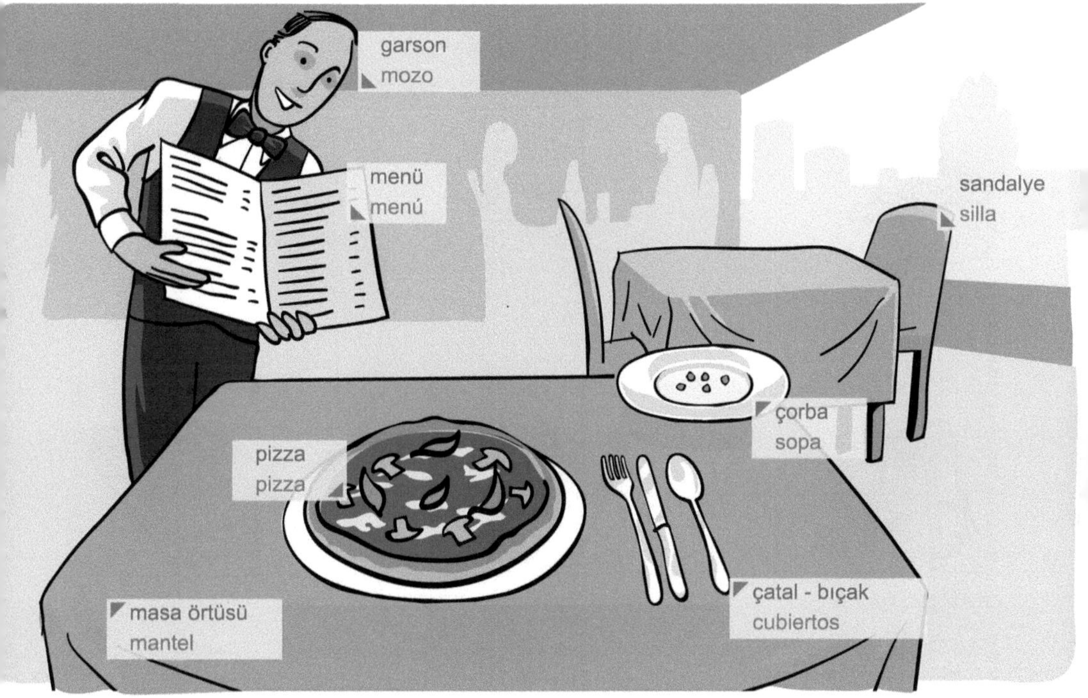

garson
mozo
menü
menú
sandalye
silla
çorba
sopa
pizza
pizza
çatal - bıçak
cubiertos
masa örtüsü
mantel

başlangıç

entrada

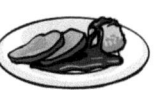

ana yemek

plato principal

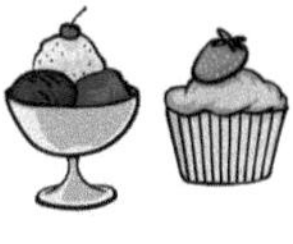

tatlı

postre

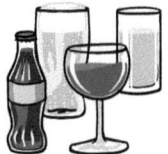

içecekler

bebidas

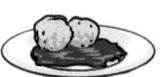

yemek

comida

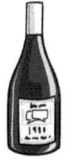

şişe

botella

fastfood

comida rápida

sokak yemeği

comida callejera

çaydanlık

tetera

şekerlik

azucarera

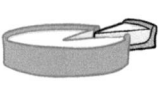

porsiyon

porción

espresso makinesi

cafetera expreso

mama sandalyesi

sillita alta

fatura

cuenta

tepsi

bandeja

bıçak

cuchillo

çatal

tenedor

kaşık

cuchara

çay kaşığı

cucharita

servis peçetesi

servilleta

bardak

vaso

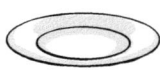

tabak

plato

çorba kasesi

plato hondo

fincan altlığı

plato

sos

salsa

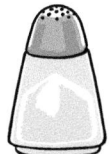

tuzluk

salero

karabiber değirmeni

molinillo de pimienta

sirke

vinagre

yağ

aceite

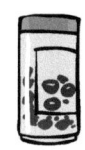

baharat

especias

ketçap

kétchup

hardal

mostaza

mayonez

mayonesa

süpermarket
supermercado

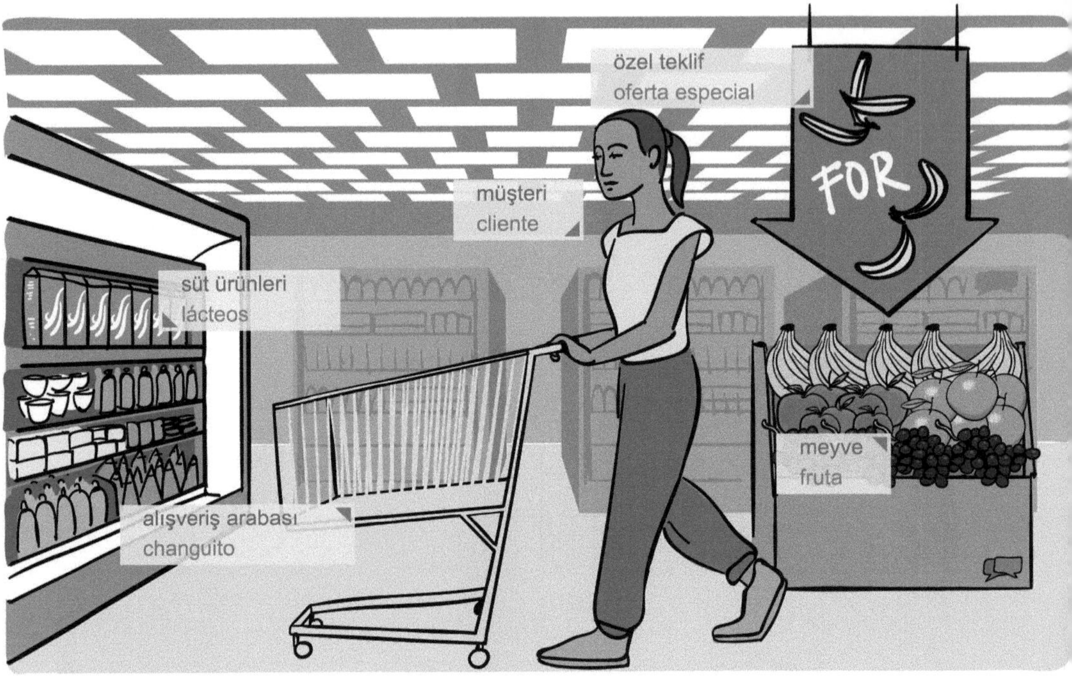

özel teklif
oferta especial
FOR
müşteri
cliente
süt ürünleri
lácteos
meyve
fruta
alışveriş arabası
changuito

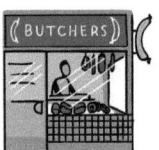

BUTCHERS

kasap

carnicería

BAKERY

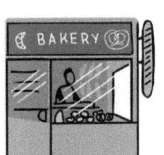

fırın

panadería

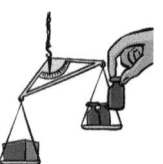

tartmak

pesar

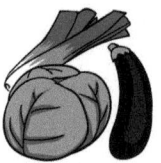

sebze

verduras

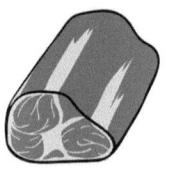

et

carne

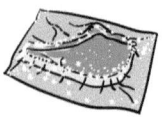

donmuş gıda

alimentos congelados

söğüş et

fiambres

konserve yiyecek

alimentos enlatados

toz deterjan

detergente en polvo

şekerlemeler

golosinas

ev temizlik ürünleri

electrodomésticos

temizlik ürünleri

productos de limpieza

satış görevlisi

vendedora

yazar kasa

caja

kasiyer

cajero

alışveriş listesi

lista de compras

açılış saatleri

horario de atención

cüzdan

billetera

kredi kartı

tarjeta de crédito

çanta

cartera

plastik poşet

bolsa de plástico

su

agua

meyve suyu

jugo

süt

leche

kola

bebida cola

şarap

vino

bira

cerveza

alkol

alcohol

kakao

cacao

çay

té

kahve

café

espresso

café expreso

kapuçino

cappuccino

muz

banana

elma

manzana

portakal

naranja

kavun

melón

limon

limón

havuç

zanahoria

sarımsak

ajo

bambu

bambú

soğan

cebolla

mantar

champiñón

çerez

nueces

makarna

fideos

spagetti

tallarines

pirinç

arroz

salata

ensalada

cips

papas fritas

patates kızartması

papas fritas

pizza

pizza

hamburger

hamburguesa

sandviç

sándwich

şinitzel

churrasco

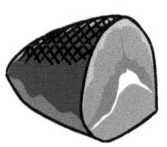

pastırma

jamón

salam

salame

sosis

salchicha

tavuk

pollo

rosto

asado

balık

pescado

yulaf ezmesi

copos de avena

un

harina

ekmek

pan

tereyağı

manteca

yumurta

huevo

müsli

muesli

kruvasan

medialuna

tost

tostada

kaymak

cuajada

sahanda yumurta

huevo frito

mısır gevreği

copos de maíz

küçük ekmek

pancito

bisküvi

galletitas

kek

torta

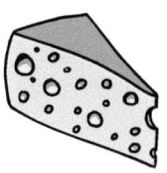

peynir

queso

dondurma

helado

şeker

azúcar

bal

miel

reçel

mermelada

fındık ezmesi

pasta de chocolate

köri

curry

yemek - comida

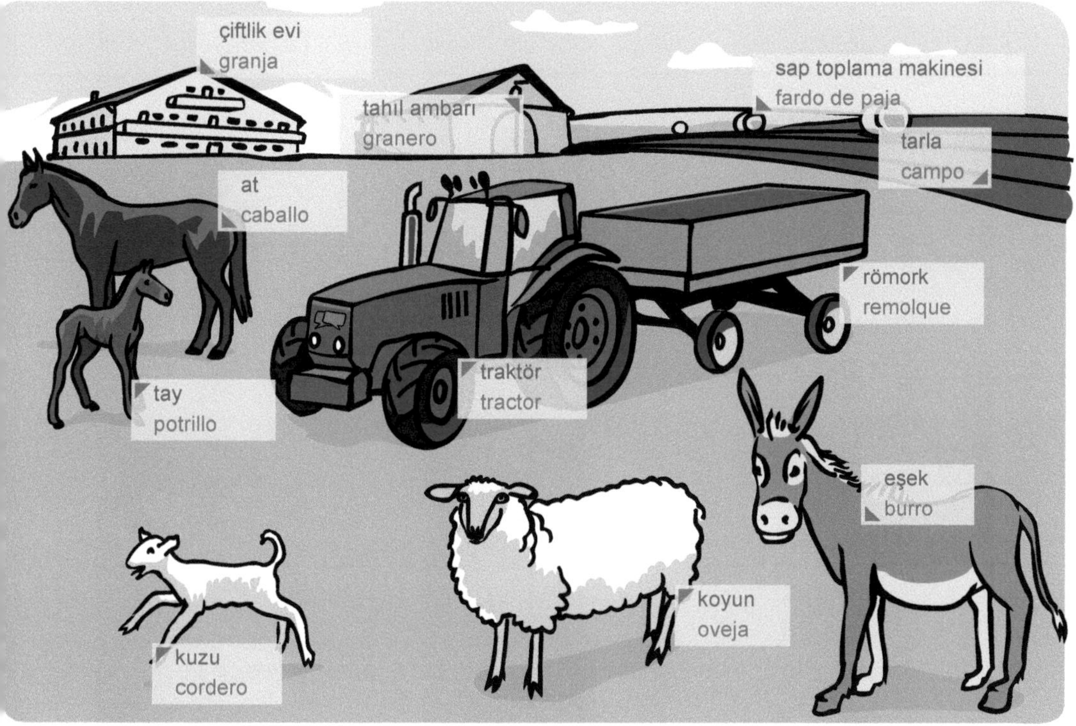

çiftlik evi
granja

tahıl ambarı
granero

sap toplama makinesi
fardo de paja

tarla
campo

at
caballo

römork
remolque

tay
potrillo

traktör
tractor

eşek
burro

kuzu
cordero

koyun
oveja

keçi

cabra

inek

vaca

buzağı

ternero

domuz

cerdo

domuz yavrusu

lechón

boğa

toro

kaz

ganso

ördek

pato

civciv

pollo

tavuk

gallina

horoz

gallo

sıçan

rata

kedi

gato

fare

ratón

öküz

buey

köpek

perro

köpek kulübesi

cucha

bahçe hortumu

manguera

sulama kabı

regadera

tırpan

guadaña

pulluk

arado

orak

hoz

çapa

azada

dirgen

horquilla

balta

hacha

el arabası

carretilla

yemlik

abrevadero

süt kovası

lechera

çuval

bolsa

çit

reja

ahır

establo

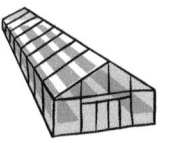

sera

invernadero

toprak

suelo

tohum

semilla

gübre

fertilizador

biçerdöver

cosechadora

çiftlik - granja

hasat etmek

cosechar

harman

cosecha

tatlı patates

batatas

buğday

trigo

soya

soja

patates

papa

mısır

maíz

kolza

semilla de colza

meyve ağacı

árbol frutal

manyok

mandioca

hububat

cereales

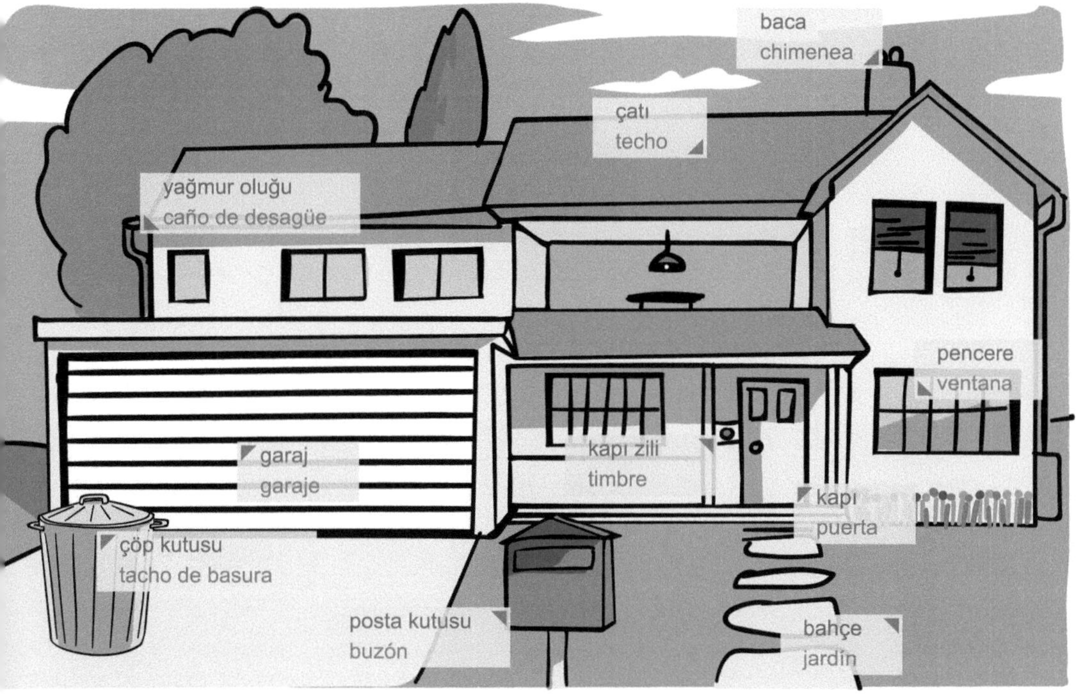

baca
chimenea

çatı
techo

yağmur oluğu
caño de desagüe

pencere
ventana

garaj
garaje

kapı zili
timbre

kapı
puerta

çöp kutusu
tacho de basura

posta kutusu
buzón

bahçe
jardín

oturma odası
living

banyo
baño

mutfak
cocina

yatak odası
dormitorio

çocuk odası
cuarto de los chicos

yemek odası
comedor

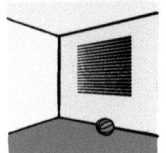

zemin

piso

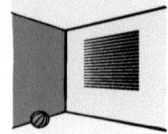

duvar

pared

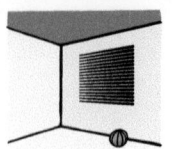

tavan

cielorraso

kiler

sótano

sauna

sauna

balkon

balcón

teras

terraza

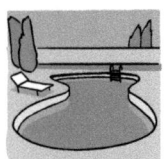

havuz

pileta

çim biçme makinesi

cortadora de pasto

çarşaf

sábana

yatak örtüsü

acolchado

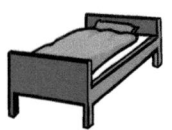

yatak

cama

süpürge

escoba

kova

balde

anahtar

interruptor

oturma odası
living

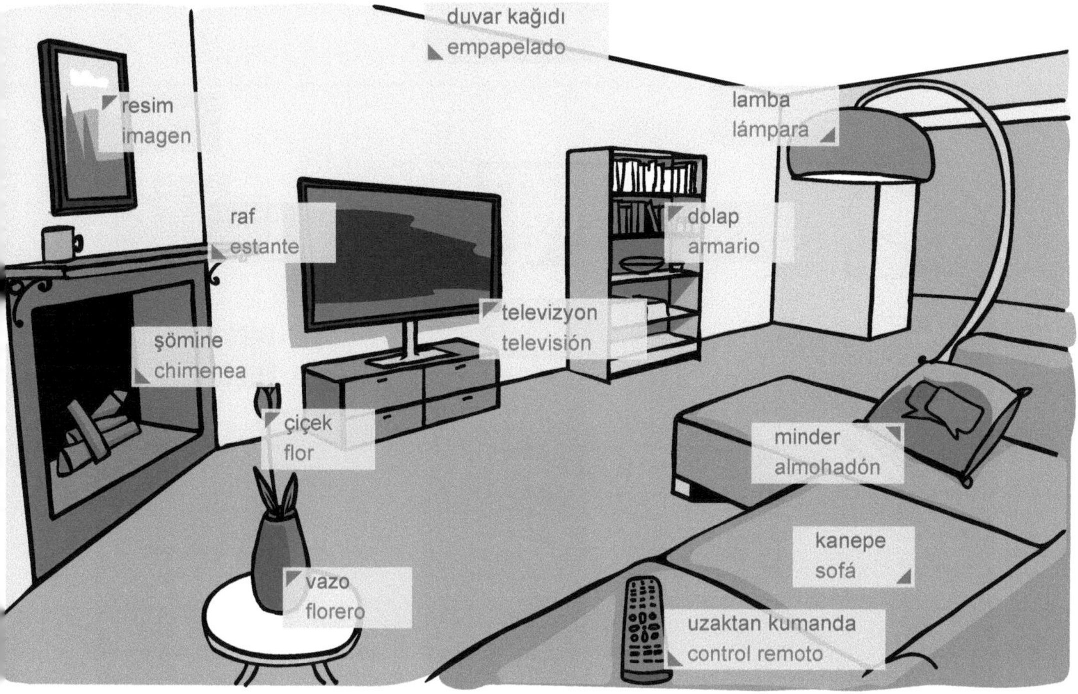

duvar kağıdı
empapelado
resim
imagen
lamba
lámpara
raf
estante
dolap
armario
televizyon
televisión
şömine
chimenea
çiçek
flor
minder
almohadón
kanepe
sofá
vazo
florero
uzaktan kumanda
control remoto

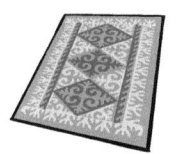

halı

alfombra

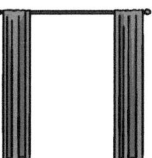

perde

cortina

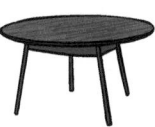

masa

mesa

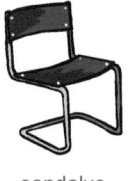

sandalye

silla

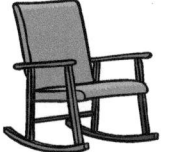

salıncaklı koltuk

mecedora

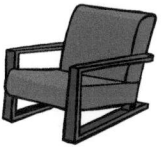

koltuk

sillón

kitap

libro

battaniye

frazada

dekor

decoración

odun

leña

film

película

hi-fi

equipo de música

anahtar

llave

gazete

diario

tablo

pintura

poster

póster

radyo

radio

defter

cuaderno

elektrikli süpürge

aspiradora

kaktüs

cactus

mum

vela

mutfak
cocina

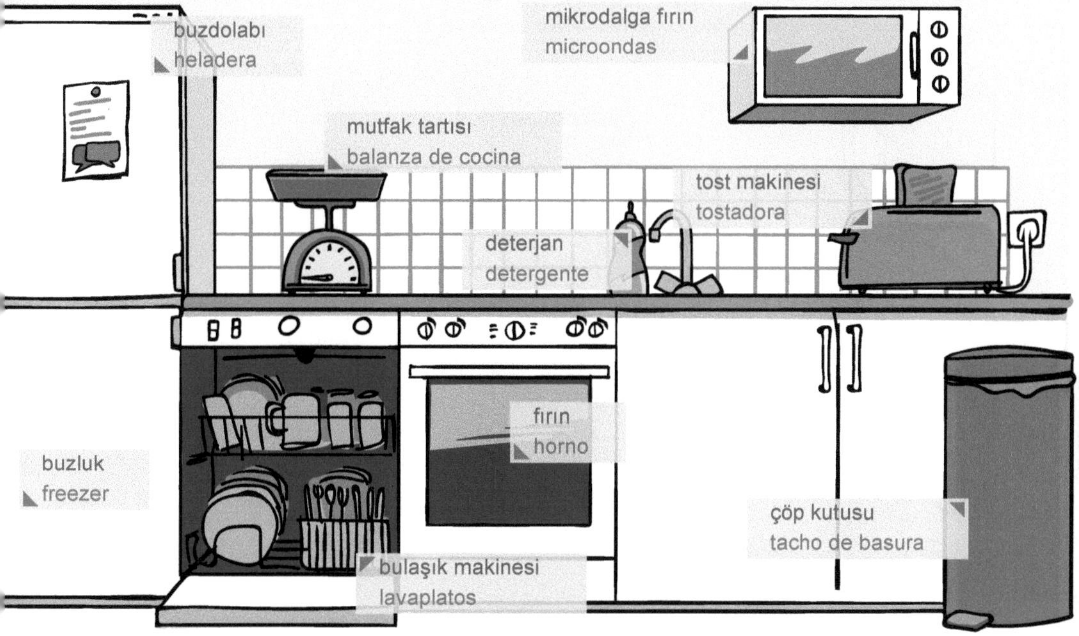
buzdolabı
heladera
mikrodalga fırın
microondas
mutfak tartısı
balanza de cocina
tost makinesi
tostadora
deterjan
detergente
fırın
horno
buzluk
freezer
çöp kutusu
tacho de basura
bulaşık makinesi
lavaplatos

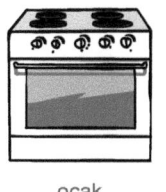

ocak
cocina

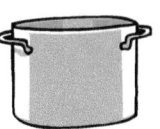

tencere
olla

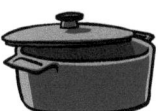

döküm tencere
olla de hierro fundido

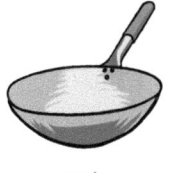

wok
wok

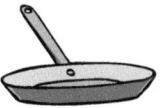

tava
sartén

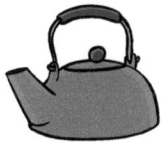

su ısıtıcı
pava

buharlı pişirici

vaporera

pişirme tepsisi

bandeja de horno

tabak takımı

vajilla

kupa

taza

kase

bol

çubuk (çin yemeği)

palitos

kepçe

cucharón

spatula

estpátula

çırpma teli

batidora

süzgeç

colador

elek

colador

rende

rallador

havan

mortero

barbekü

parrilla

açık ateş

fogata

mutfak - cocina

kesme tahtası

tabla de picar

merdane

palo de amasar

tirbüşon

sacacorchos

konserve kutusu

lata

konserve açacağı

abrelatas

fırın eldiveni

manopla

evye

pileta

fırça

cepillo

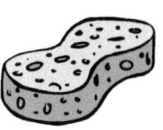

sünger

esponja

blender

batidora

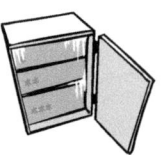

derin dondurucu

congelador

biberon

mamadera

musluk

canilla

banyo
baño

ısıtma
calefacción
duş
ducha
havlu
toalla
duş perdesi
cortina de ducha
köpük banyosu
baño de espuma
küvet
bañadera
bardak
vaso
çamaşır makinesi
lavarropas
musluk
canilla
fayans
baldosas
lazımlık
pelela
evye
pileta

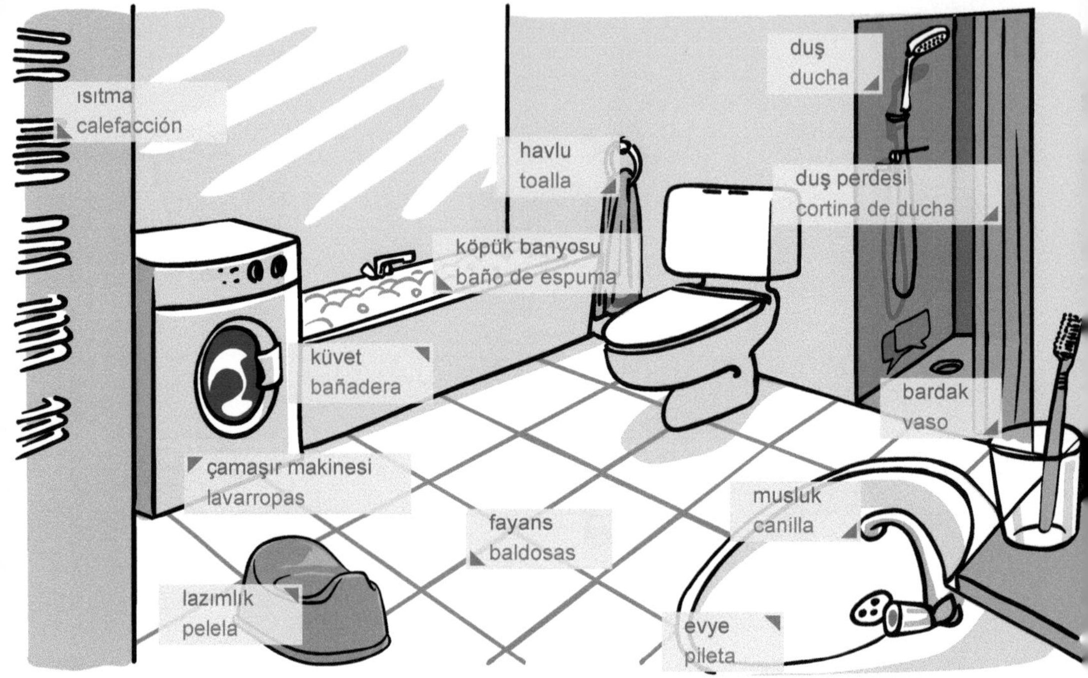

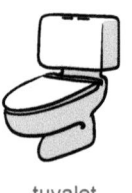

tuvalet

inodoro

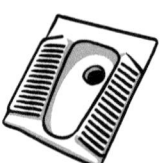

alaturka tuvalet

letrina

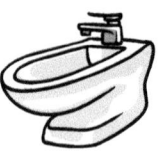

bide

bidé

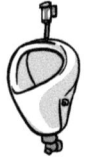

pisuvar

mingitorio

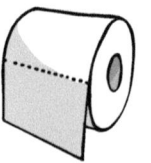

tuvalet kağıdı

papel higiénico

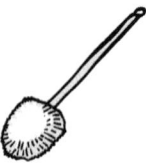

tuvalet fırçası

cepillo para el inodoro

diş fırçası

cepillo de dientes

diş macunu

dentífrico

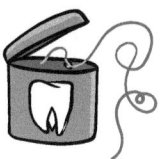

diş ipi

hilo dental

yıkamak

lavar

duş başlığı

ducha de mano

duş başlığı şeklinde taharet musluğu

ducha higiénica

küvet

palangana

banyo fırçası

cepillo para espalda

sabun

jabón

duş jeli

gel de ducha

şampuan

shampoo

banyo lifi

toallita

gider

desagüe

krem

crema

deodorant

desodorante

ayna

espejo

el aynası

espejito

jilet

maquinita de afeitar

tıraş köpüğü

espuma de afeitar

tıraş losyonu

aftershave

tarak

peine

fırça

cepillo

saç kurutma makinesi

secador de pelo

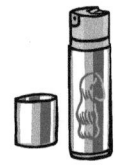

saç spreyi

spray

makyaj

maquillaje

ruj

lápiz de labios

tırnak cilası

esmalte para uñas

pamuk

algodón

tırnak makası

tijera para uñas

parfüm

perfume

makyaj çantası

portacosméticos

tabure

banqueta

tartı

balanza

bornoz

bata

lastik eldiven

guantes de goma

tampon

tampón

kadın pedi

toallita femenina

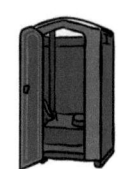

kimyevi tuvalet

baño químico

çocuk odası
cuarto de los chicos

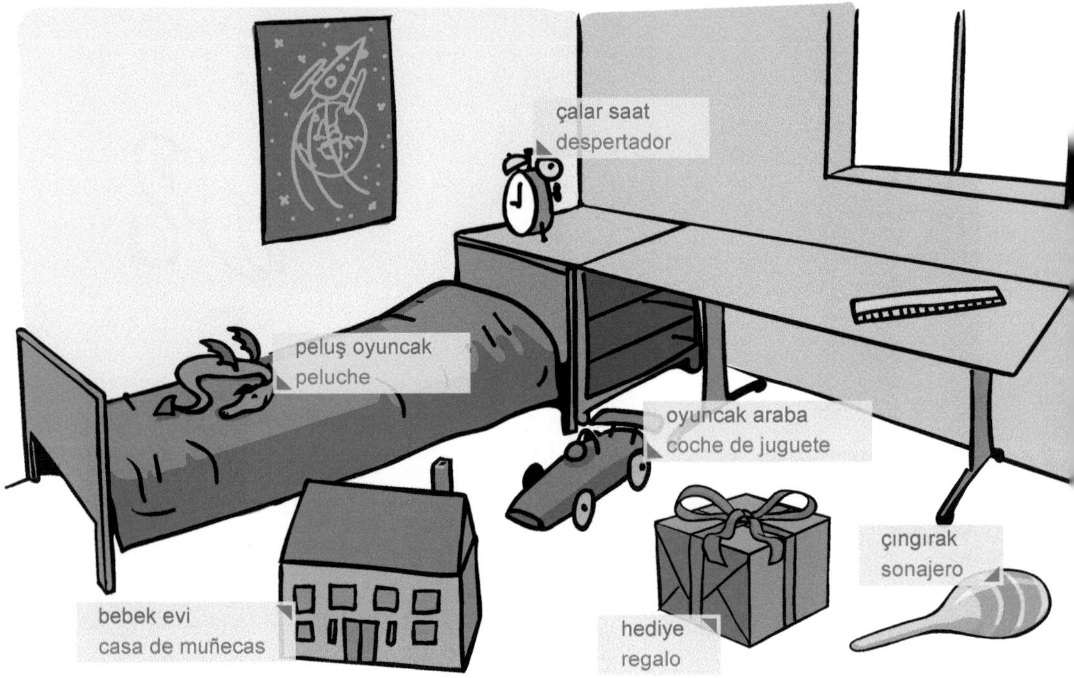

çalar saat
despertador
peluş oyuncak
peluche
oyuncak araba
coche de juguete
çıngırak
sonajero
bebek evi
casa de muñecas
hediye
regalo

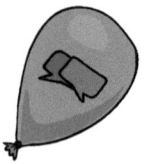

balon

globo

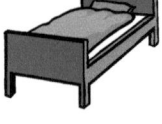

yatak

cama

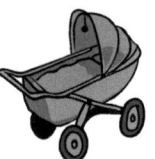

bebek arabası

cochecito

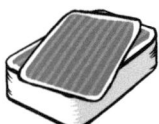

kart destesi

cartas

yapboz

rompecabezas

SUPER MEGA

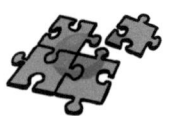

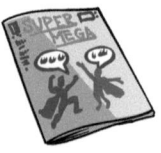

çizgi roman

historieta

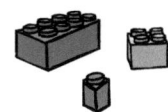

lego tuğlaları

piezas de lego

lego blokları

ladrillos de juguete

aksiyon figürü

figura de acción

zıbın

enterito (de bebé)

frizbi

frisbee

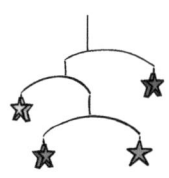

dönence

móvil para bebés

masa oyunu

juego de mesa

zar

dados

model tren seti

tren eléctrico

emzik

chupete

parti

fiesta

resimli kitap

libro de cuentos ilustrado

top

pelota

oyuncak bebek

muñeca

oynamak

jugar

kum havuzu

arenero

salıncak

hamaca

oyuncaklar

juguetes

video oyun konsolu

consola de videojuegos

üç tekerlekli bisiklet

triciclo

oyuncak ayı

osito de peluche

gardırop

armario

kıyafet

ropa

çorap

medias

külotlu çorap

medias panty

tayt

calzas

eşarp
bufanda

kemer
cinturón

şemsiye
paraguas

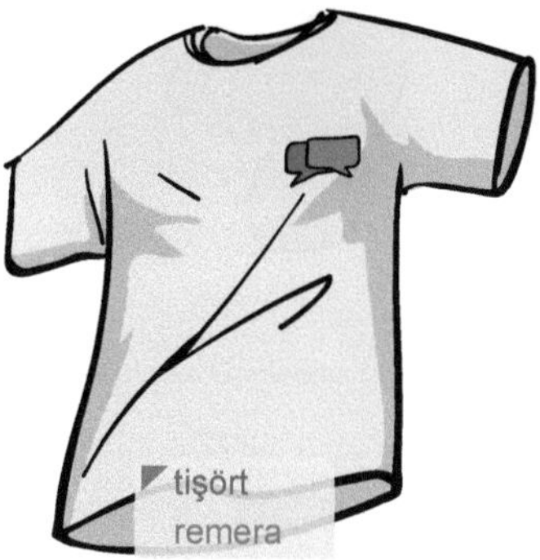

tişört
remera

bot
botas

terlik
pantuflas

spor ayakkabı
zapatillas

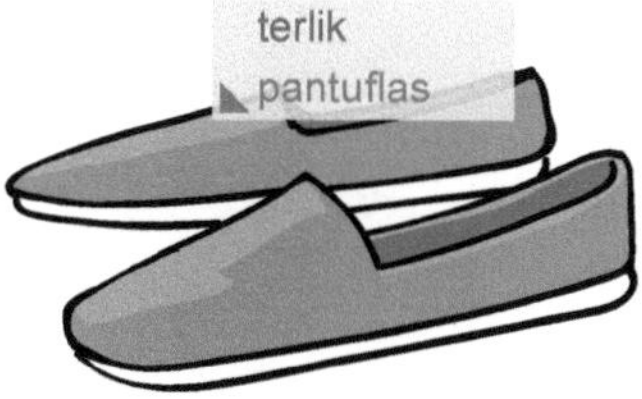

sandalet
sandalias

ayakkabı
zapatos

lastik çizme
botas de goma

külot
ropa interior

sütyen
corpiño

yelek
chaleco

dar bluz
body

pantolon
pantalones

kot pantolon
jeans

etek
pollera

bluz
blusa

gömlek
camisa

kazak
pulóver

süveter
buzo

blazer
blazer

ceket
campera

mont
tapado

yağmurluk
piloto

kostüm
traje

elbise
vestido

gelinlik
vestido de novia

takım elbise

traje

gecelik

camisón

pijama

pijama

sari

sari

baş örtüsü

pañuelo para cabeza

türban

turbante

burka

burka

kaftan

caftán

çarşaf

abaya

mayo

traje de baño

erkek mayosu

short de baño

şort

shorts

eşofman

jogging

önlük

delantal

eldiven

guantes

düğme

botón

gözlük

anteojos

bilezik

pulsera

kolye

collar

yüzük

anillo

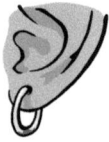

küpe

aro

kep

gorra

portmanto

percha

şapka

sombrero

kravat

corbata

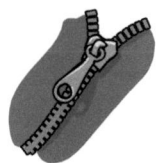

fermuar

cierre

kask

casco

pantolon askısı

tiradores

okul forması

uniforme escolar

üniforma

uniforme

kıyafet - ropa

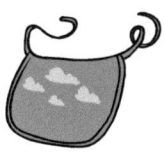

mama önlüğü

babero

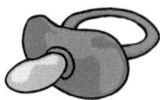

emzik

chupete

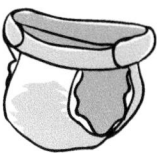

bebek bezi

pañal

ofis

oficina

sunucu
servidor
dosya dolabı
archivero
kağıt
papel
yazıcı
impresora
monitör
monitor
fare
mouse
masa
escritorio
klasör
carpeta
klavye
teclado
kağıt çöp kutusu
tacho (de basura)
bilgisayar
computadora
sandalye
silla

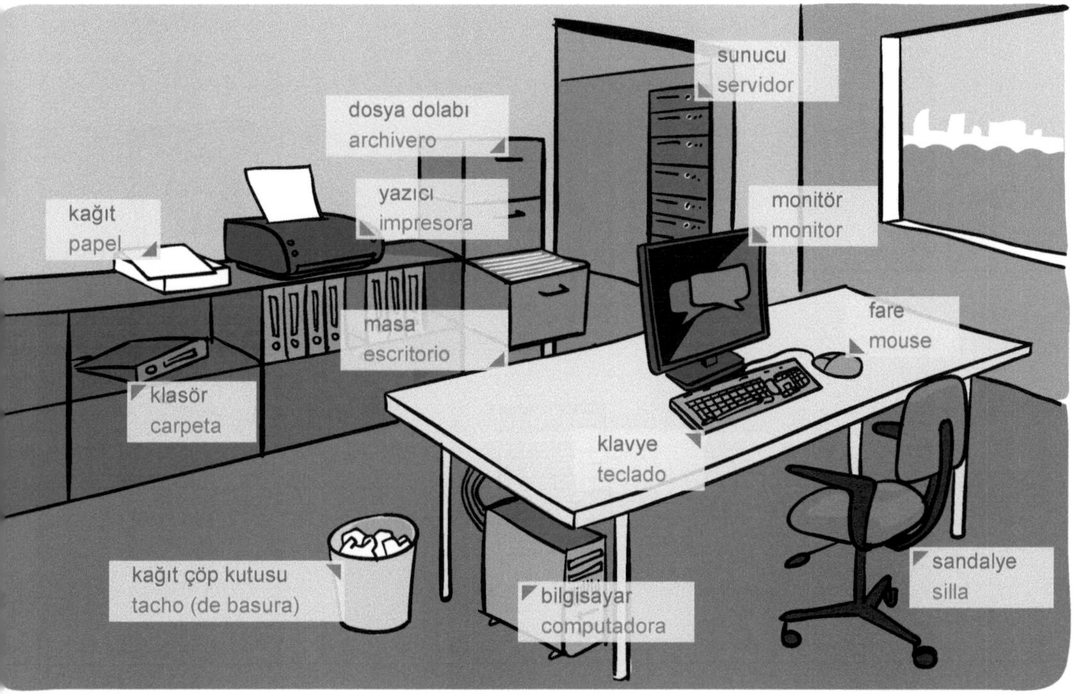

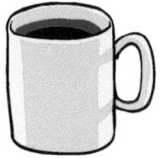

kahve fincanı

taza de café

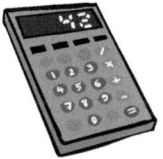

hesap makinesi

calculadora

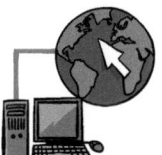

internet

internet

dizüstü

laptop

mektup

carta

mesaj

mensaje

cep telefonu

celular

ağ

red

fotokopi makinesi

fotocopiadora

yazılım

software

telefon

teléfono

priz

tomacorriente

faks makinesi

fax

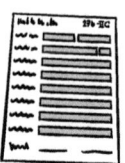

form

formulario

belge

documento

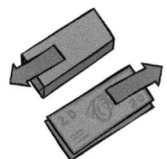

satın almak

comprar

ödemek

pagar

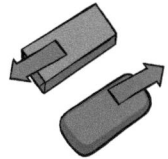

ticaret yapmak

hacer negocios

para

dinero

dolar

dólar

avro

euro

yen

yen

ruble

rublo

İsviçre frangı

franco suizo

Çin yuanı

yuan

rupi

rupia

kasa

cajero automático

döviz bürosu

casa de cambio

altın

oro

gümüş

plata

petrol

petróleo

enerji

energía

fiyat

precio

kontrat

contrato

vergi

impuesto

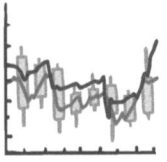

menkul değer

acción

çalışmak

trabajar

işveren

empleado

işçi

empleador

fabrika

fábrica

mağaza

negocio

ekonomi - economía

meslekler
ocupaciones

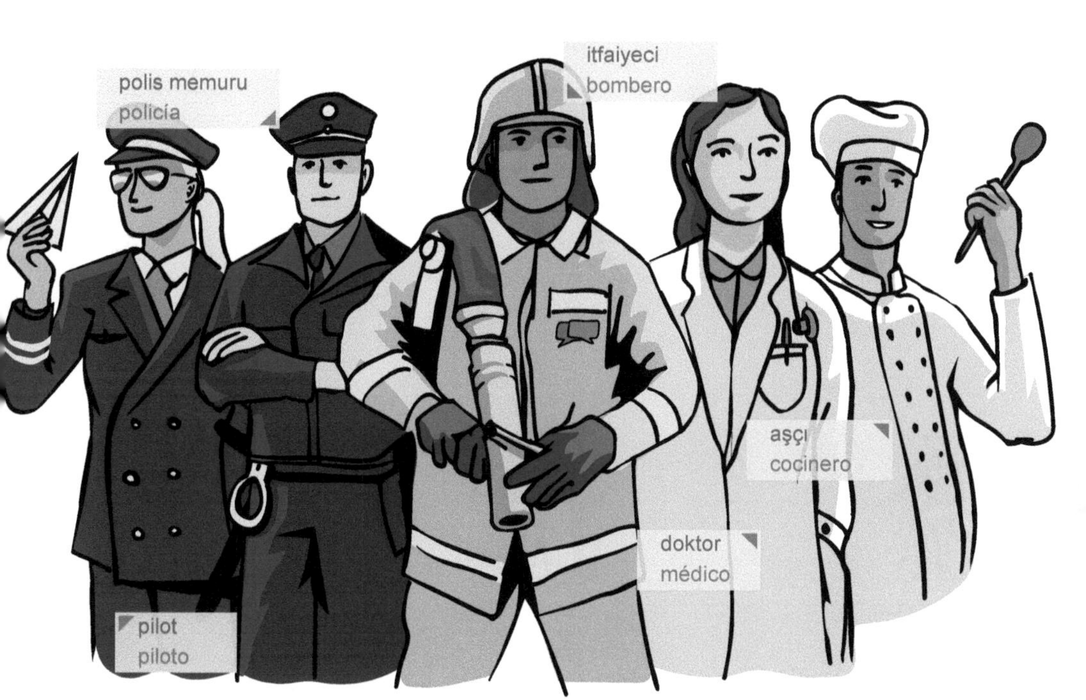
polis memuru
policía
itfaiyeci
bombero
aşçı
cocinero
doktor
médico
pilot
piloto

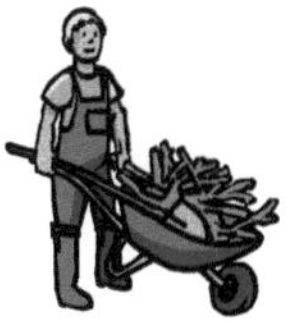

bahçıvan

jardinero

marangoz

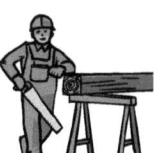

carpintero

terzi

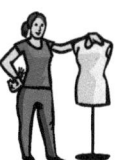

modista

hakim

juez

kimyager

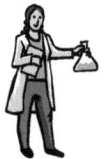

farmacéutico

aktör

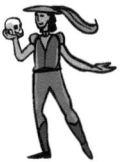

actor

otobüs şoförü

colectivero

taksi şoförü

taxista

balıkçı

pescador

temizlikçi

mucama

çatı ustası

techista

garson

mozo

avcı

cazador

boyacı

pintor

fırıncı

panadero

elektrikçi

electricista

inşaatçı

albañil

mühendis

ingeniero

kasap

carnicero

muslukçu

plomero

postacı

cartero

asker

soldado

mimar

arquitecto

kasiyer

cajero

çiçekçi

florista

kuaför

peluquero

kondüktör

cobrador

tamirci

mecánico

kaptan

capitán

dişçi

dentista

bilim insanı

científico

haham

rabino

imam

imán

keşiş

monje

rahip

sacerdote

aletler

herramientas

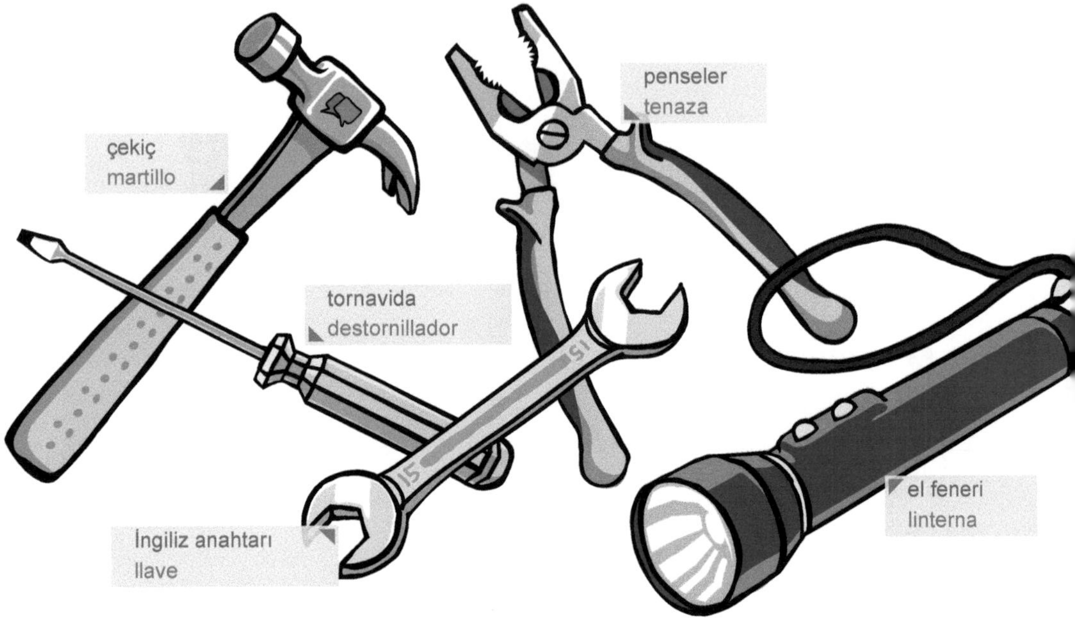

penseler
tenaza
çekiç
martillo
tornavida
destornillador
el feneri
linterna
İngiliz anahtarı
llave

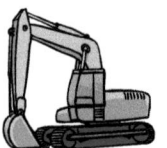

kazı makinesi

excavadora

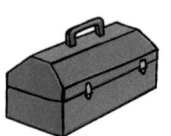

alet çantası

caja de herramientas

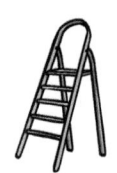

merdiven

escalera portátil

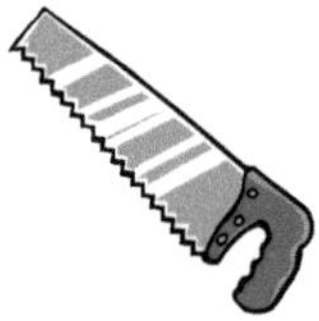

testere

sierra

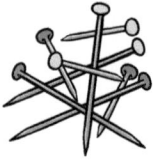

çiviler

clavos

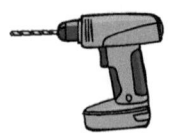

matkap

taladro

tamir etmek
arreglar

kürek
pala de jardín

Kahretsin!
¡Qué bronca!

faraş
pala de plástico

boya tenekesi
tacho de pintura

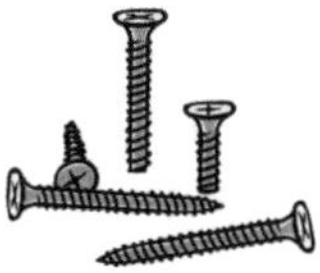

vidalar
tornillos

müzik enstrümanı
instrumentos musicales

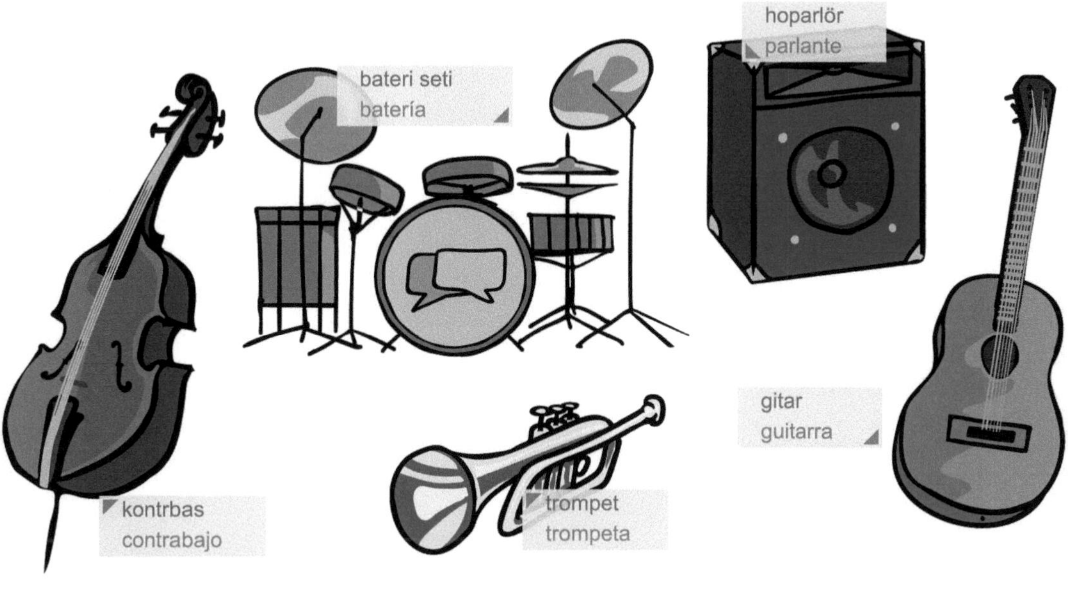

bateri seti
batería

hoparlör
parlante

gitar
guitarra

kontrbas
contrabajo

trompet
trompeta

piyano

piano

keman

violín

basgitar

bajo

timpani

timbales

bateri

tambor

klavye

teclado

saksafon

saxofón

flüt

flauta

mikrofon

micrófono

hayvanat bahçesi
zoológico

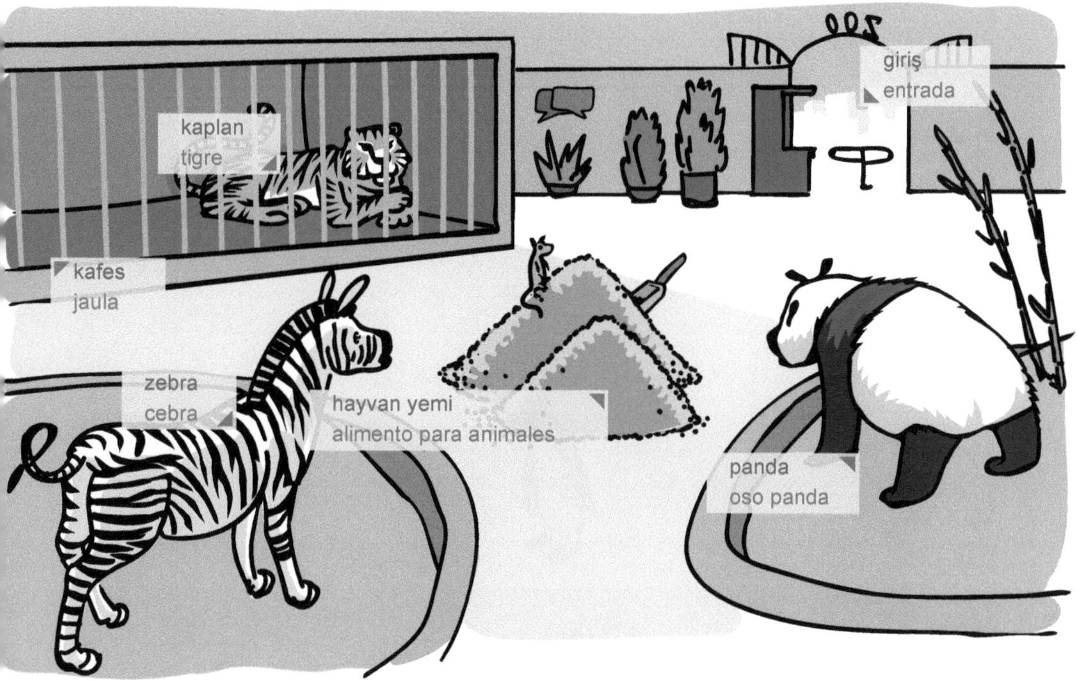

giriş
entrada
kaplan
tigre
kafes
jaula
zebra
cebra
hayvan yemi
alimento para animales
panda
oso panda

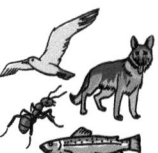

hayvanlar

animales

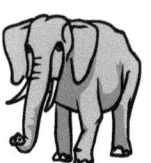

fil

elefante

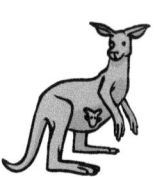

kanguru

canguro

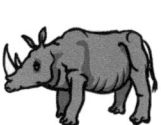

gergedan

rinoceronte

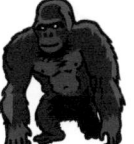

goril

gorila

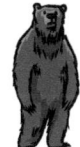

ayı

oso

deve

camello

deve kuşu

avestruz

aslan

león

maymun

mono

flamingo

flamenco

papağan

loro

kutup ayısı

oso polar

penguen

pingüino

köpek balığı

tiburón

tavus kuşu

pavo real

yılan

serpiente

timsah

cocodrilo

hayvanat bahçesi görevlisi

cuidador del zoológico

fok

foca

jaguar

jaguar

midilli atı

poni

leopar

leopardo

su aygırı

hipopótamo

zürafa

jirafa

kartal

águila

yaban domuzu

jabalí

balık

pescado

kaplumbağa

tortuga

mors

morsa

tilki

zorro

ceylan

gacela

amerikan futbolu
fútbol americano

bisiklete binme
ciclismo

tenis
tenis

basketbol
básquet

yüzme
natación

boks
boxeo

buz hokeyi
hockey sobre hielo

futbol
fútbol

badminton
bádminton

atletizm
atletismo

hentbol
handball

kayak
esquí

polo
polo

atlamak
saltar

gülmek
reír

sarılmak
abrazar

yürümek
caminar

söylemek
cantar

dua etmek
rezar

öpmek
besar

hayal etmek
soñar

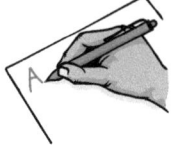

yazmak

escribir

çizmek

dibujar

göstermek

mostrar

itmek

presionar

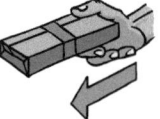

vermek

dar

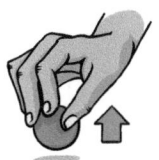

almak

tomar

sahip olmak

tener

yapmak

hacer

olmak

ser

ayakta durmak

estar parado

koşmak

correr

çekmek

tirar

atmak

tirar

düşmek

caer

yalan söylemek

estar acostado

beklemek

esperar

taşımak

llevar

oturmak

estar sentado

giyinmek

vestirse

uyumak

dormir

uyanmak

despertar

bakmak
mirar

ağlamak
llorar

vurmak
acariciar

taramak
peinar

konuşmak
hablar

anlamak
entender

sormak
preguntar

dinlemek
escuchar

içmek
beber

yemek
comer

düzenlemek
ordenar

sevmek
amar

pişirmek
cocinar

sürmek
manejar

uçmak
volar

denize açılmak
navegar

hesapla
calcular

okumak
leer

öğrenmek
aprender

çalışmak
trabajar

evlenmek
casarse

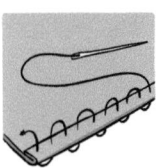

dikmek
coser

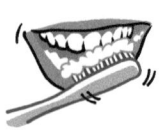

diş fırçalamak
cepillarse los dientes

öldürmek
matar

sigara içmek
fumar

yollamak
enviar

aile
familia

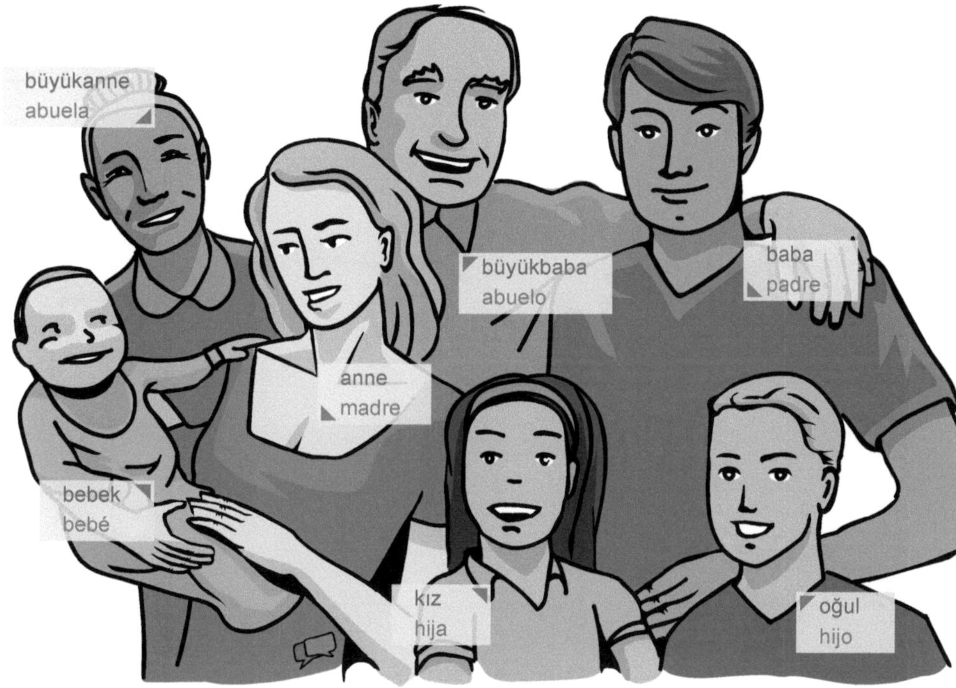
büyükanne
abuela
büyükbaba
abuelo
baba
padre
anne
madre
bebek
bebé
kız
hija
oğul
hijo

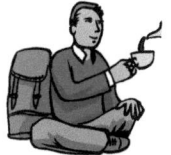

misafir

invitado

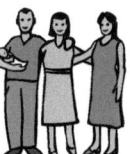

teyze

tía

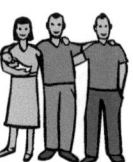

amca

tío

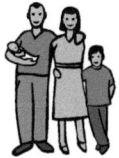

erkek kardeş

hermano

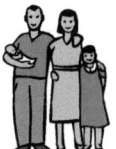

kız kardeş

hermana

vücut

cuerpo

alın
frente
göz
ojo
omuz
hombro
parmak
dedo
yüz
cara
çene
pera
el
mano
bacak
pierna
göğüs
pecho
kol
brazo

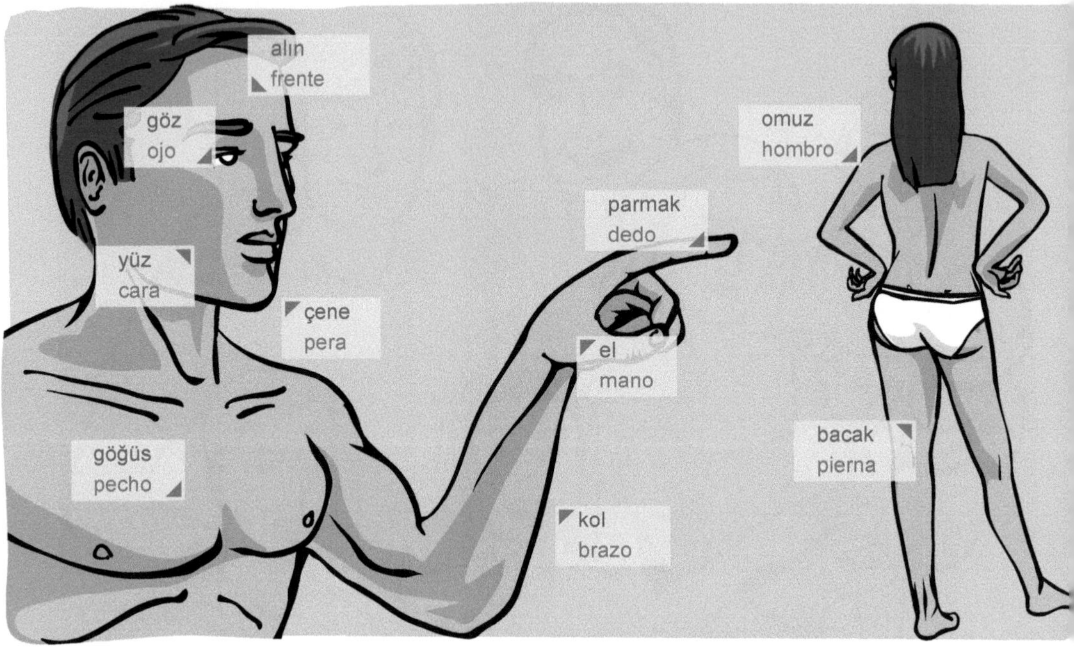

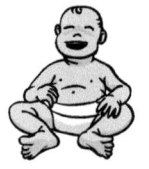

bebek
bebé

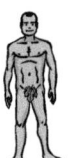

adam
hombre

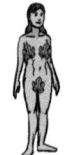

kadın
mujer

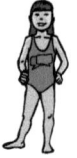

kız
nena

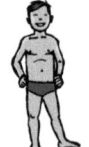

erkek çocuk
nene

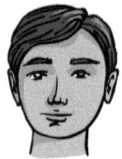

baş
cabeza

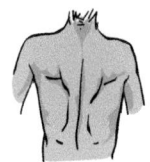

sırt

espalda

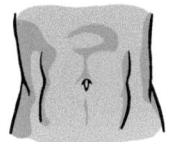

karın

panza

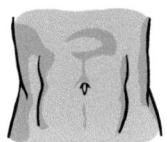

göbek

ombligo

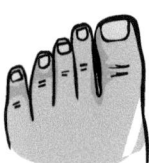

ayak parmağı

dedo del pie

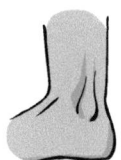

topuk

talón

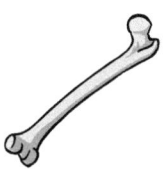

kemik

hueso

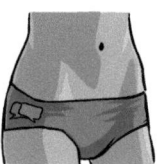

kalça

cadera

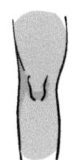

diz

rodilla

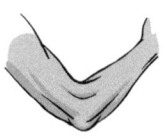

dirsek

codo

burun

nariz

kalça

cola

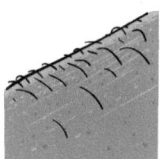

deri

piel

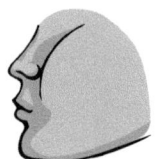

yanak

cachete

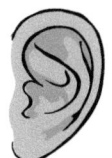

kulak

oreja

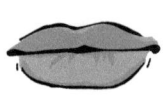

dudak

labio

vücut - cuerpo

ağız
boca

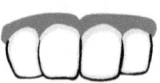

diş
diente

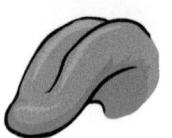

dil
lengua

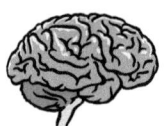

beyin
cerebro

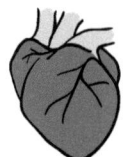

kalp
corazón

kas
músculo

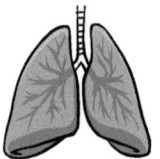

akciğer
pulmón

karaciğer
hígado

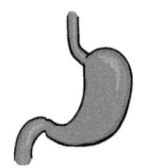

mide
estómago

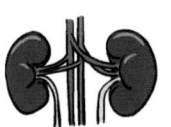

böbrekler
riñones

seks
sexo

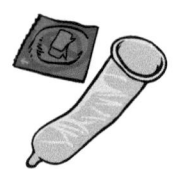

prezervatif
preservativo

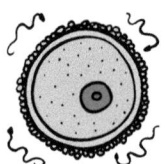

yumurtalık
óvulo

sperm
semen

hamilelik
embarazo

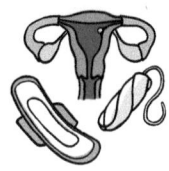

regl
menstruación

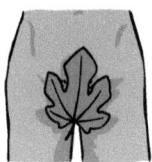

vajina
vagina

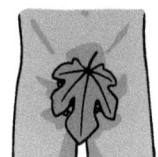

penis
pene

kaş
ceja

saç
pelo

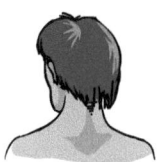

boyun
cuello

hastane
hospital

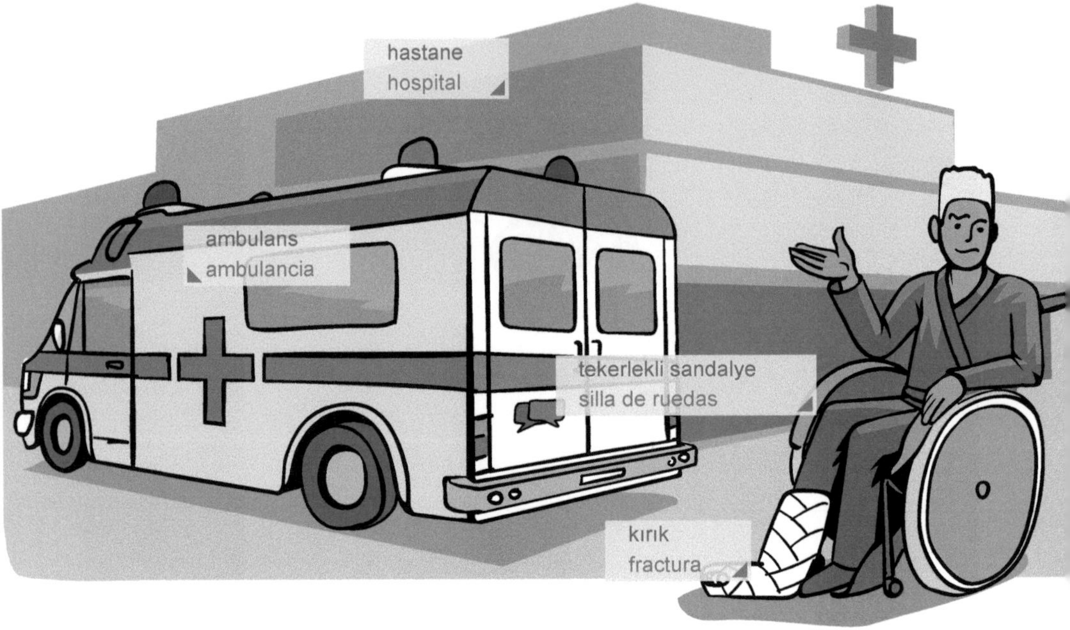

hastane
hospital
ambulans
ambulancia
tekerlekli sandalye
silla de ruedas
kırık
fractura

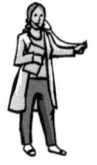

doktor

médico

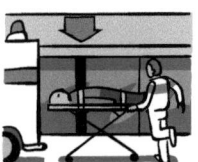

acil servis

sala de guardia

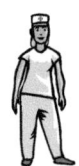

hemşire

enfermera

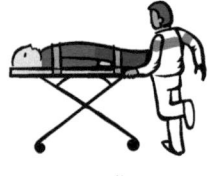

acil

emergencia

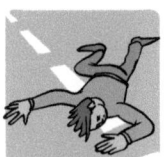

baygın

inconsciente

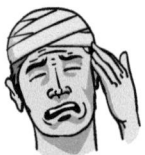

acı

dolor

yaralanma

lesión

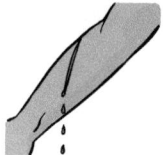

kanama

hemorragia

kalp krizi

infarto

felç

ACV

alerji

alergia

öksürük

tos

ateş

fiebre

grip

gripe

ishal

diarrea

baş ağrısı

dolor de cabeza

kanser

cáncer

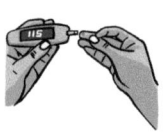

şeker hastalığı

diabetes

cerrah

cirujano

neşter

bisturí

operasyon

operación

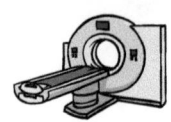

bilgisayarlı tomografi

TC

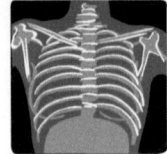

röntgen

rayos x

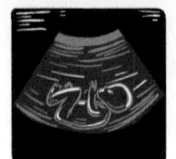

ultrason

ecografía

yüz maskesi

barbijo

hastalık

enfermedad

bekleme odası

sala de espera

koltuk değneği

muleta

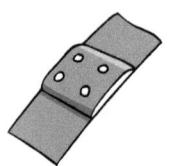

yara bandı

curita

bandaj

venda

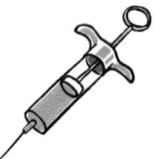

enjeksiyon

inyección

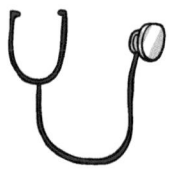

steteskop

estetoscopio

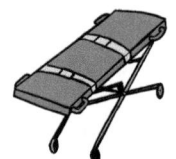

sedye

camilla

tıbbi termometre

termómetro

doğum

nacimiento

fazla kilo

sobrepeso

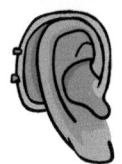

işitme cihazı

audífono

dezenfektan

desinfectante

enfeksiyon

infección

virüs

virus

HIV / AIDS

VIH / SIDA

ilaç

remedio

aşı

vacunación

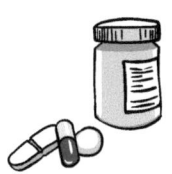

tablet

comprimidos

hap

pastilla anticonceptiva

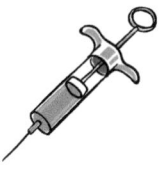

acil çağrı

llamada de emergencia

tansiyon aleti

tensiómetro

hasta / sağlıklı

enfermo / sano

İmdat!

¡Ayuda!

alarm

alarma

darp

agresión

saldırı

ataque

tehlike

peligro

acil çıkış

salida de emergencia

Yangın!

¡Fuego!

yangın tüpü

matafuego

kaza

accidente

ilk yardım çantası

botiquín de primeros auxilios

imdat

SOS

polis

policía

Avrupa

Europa

Kuzey Amerika

América del Norte

Güney amerika

América del Sur

Afrika

África

Asya

Asia

Avustralya

Australia

Atlantik

Atlántico

Pasifik

Pacífico

Hint Okyanusu

Océano Índico

Antarktika Okyanusu

Océano Antártico

Arktik Okyanusu

Océano Ártico

Kuzey Kutbu

polo norte

Güney Kutbu

polo sur

Antarktika

Antártida

dünya

Tierra

kara

tierra

deniz

mar

ada

isla

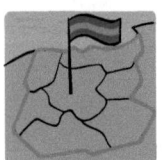

ulus

nación

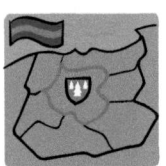

ülke

estado

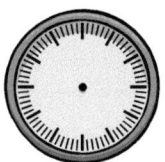

kadran

esfera

akrep

manecilla de las horas

yelkovan

minutero

saniye ibresi

segundero

Saat kaç?

¿Qué hora es?

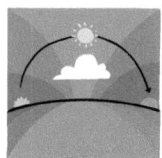

gün

día

zaman

hora

şimdi

ahora

dijital saat

reloj digital

dakika

minuto

saat

hora

Pazartesi / lunes — MO
Çarşamba / miércoles — W
Cuma / viernes — FR
TU
TH
Salı / martes
Cumartesi / sábado — SA
Perşembe / jueves
SO
Pazar / domingo

dün

ayer

bugün

hoy

yarın

mañana

sabah

mañana

öğle

mediodía

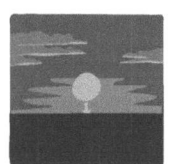

akşam

tarde

iş günleri

días hábiles

hafta sonu

fin de semana

yıl
año

yağmur
lluvia
gökkuşağı
arco iris
rüzgar
viento
kara
nieve
bahar
primavera
sonbahar
otoño
yaz
verano
kış
invierno

4.APRIL 11°
5.APRIL 4°
6.APRIL 13°
7.APRIL 8°
8.APRIL 10°

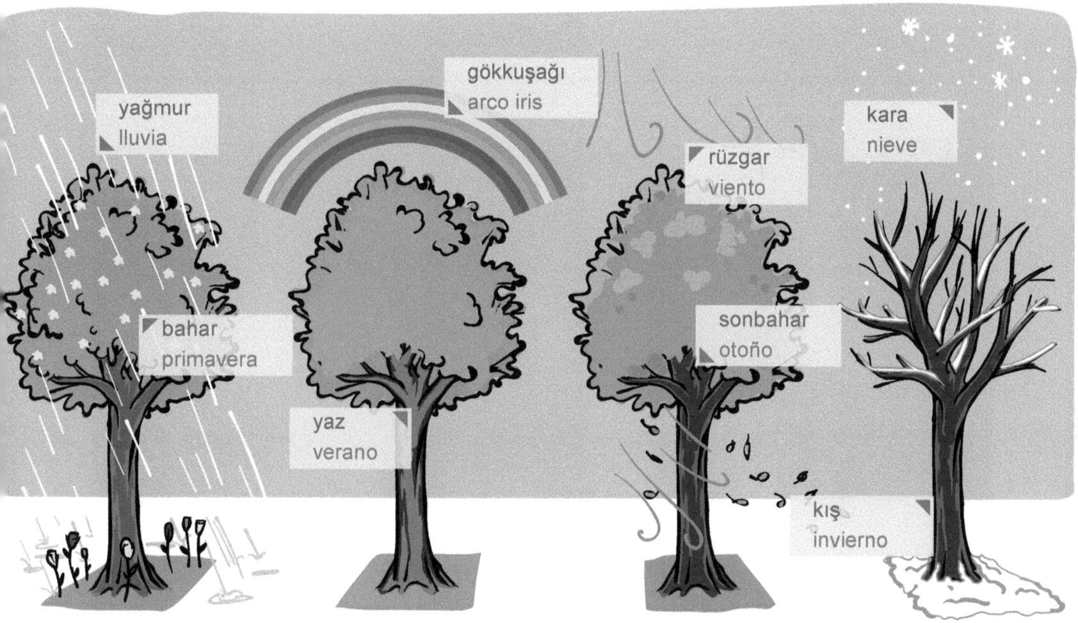

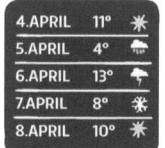

hava durumu tahmini

pronóstico meteorológico

F
C
120
90
60
30
0
-30
40
30
20
10
0
-10
-20

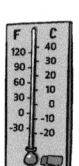

termometre

termómetro

güneş ışığı

luz del sol

bulut

nube

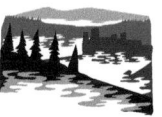

sis

niebla

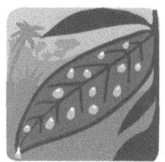

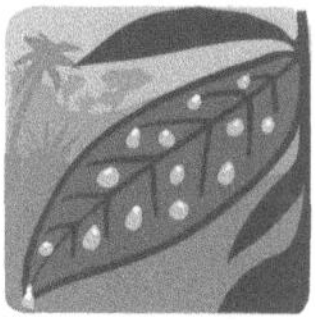

nem

humedad

şimşek

rayo

gök gürültüsü

trueno

fırtına

tormenta

dolu

granizo

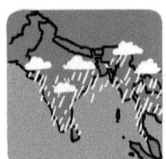

muson

monzón

sel

inundación

buz

hielo

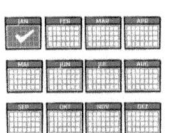

Ocak

enero

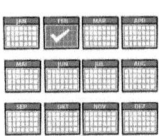

Şubat

febrero

Mart

marzo

Nisan

abril

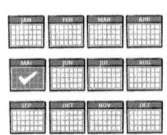

Mayıs

mayo

Haziran

junio

Temmuz

julio

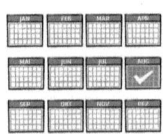

Ağustos

agosto

yıl - año

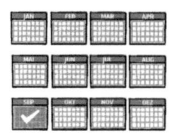

Eylül

septiembre

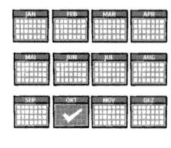

Ekim

octubre

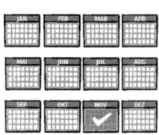

Kasım

noviembre

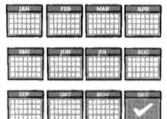

Aralık

diciembre

şekiller

formas

daire

círculo

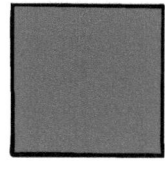

kare

cuadrado

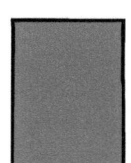

dikdörtgen

rectángulo

üçgen

triángulo

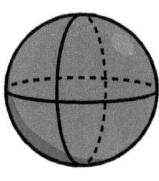

küre

esfera

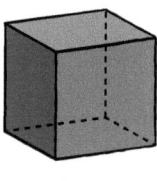

küp

cubo

beyaz

blanco

sarı

amarillo

turuncu

naranja

pembe

rosa

kırmızı

rojo

mor

violeta

mavi

azul

yeşil

verde

kahverengi

marrón

gri

gris

siyah

negro

çok / az

mucho / poco

kızgın / sakin

enojado / tranquilo

güzel / çirkin

lindo / feo

başlangıç / son

principio / fin

büyük / küçük

grande / chico

parlak / karanlık

claro / oscuro

erkek kardeş / kız kardeş

hermano / hermana

temiz / kirli

limpio / sucio

tamam / eksik

completo / incompleto

gün / gece

día / noche

ölü / canlı

muerto / vivo

geniş / dar

ancho / angosto

yenilebilir / yenilemez

comestible / no comestible

kötü / iyi

malo / amable

heyecanlı / sıkılmış

entusiasmado / aburrido

şişman / zayıf

gordo / flaco

ilk / son

primero / último

dost / düşman

amigo / enemigo

dolu / boş

lleno / vacío

sert / yumuşak

duro / blando

ağır / hafif

pesado / liviano

açlık / susuzluk

hambre / sed

hasta / sağlıklı

enfermo / sano

yasa dışı / yasal

ilegal / legal

zeki / aptal

inteligente / estúpido

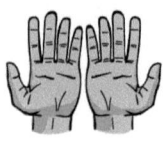

sol / sağ

izquierda / derecha

yakın / uzak

cerca / lejos

yeni / kullanılmış

nuevo / usado

hiçbir şey / bir şey

nada / algo

yaşlı / genç

viejo / joven

açma / kapama

encendido / apagado

açık / kapalı

abierto / cerrado

sessiz / gürültülü

silencioso / ruidoso

zengin / fakir

rico / pobre

doğru / yanlış

correcto / incorrecto

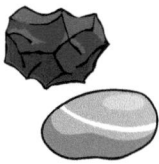

pürüzlü / düz

áspero / suave

üzgün / mutlu

triste / contento

kısa / uzun

corto / largo

yavaş / hızlı

lento / rápido

ıslak / kuru

mojado / seco

sıcak / serin

caliente / frío

savaş / barış

guerra / paz

zıt anlamlılar - opuestos

0	**1**	**2**
sıfır	bir	iki
cero	uno	dos

3	**4**	**5**
üç	dört	beş
tres	cuatro	cinco

6	**7**	**8**
altı	yedi	sekiz
seis	siete	ocho

9	**10**	**11**
dokuz	on	on bir
nueve	diez	once

12

on iki
doce

13

on üç
trece

14

on dört
catorce

15

on beş
quince

16

on altı
dieciséis

17

on yedi
diecisiete

18

on sekiz
dieciocho

19

on dokuz
diecinueve

20

yirmi
veinte

100

yüz
cien

1.000

bin
mil

1.000.000

milyon
millón

sayılar - números

İngilizce

inglés

Amerikan İngilizcesi

inglés americano

Çince (Mandarin)

chino mandarín

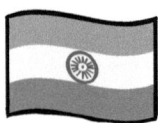

Hintçe

hindi

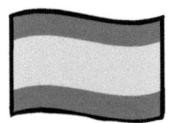

İspanyolca

español

Fransızca

francés

Arapça

árabe

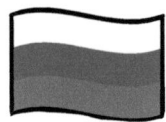

Rusça

ruso

Portekizce

portugués

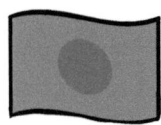

Bengalce

bengalí

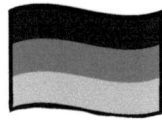

Almanca

alemán

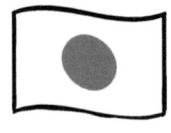

Japonca

japonés

ben
yo

sen
vos

o
él / ella

biz
nosotros

siz
ustedes

onlar
ellos

kim?
¿quién?

ne?
¿qué?

nasıl?
¿cómo?

nerede?
¿dónde?

ne zaman?
¿cuándo?

isim
nombre

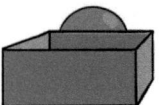

arkasında

detrás

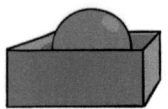

içinde

en

önünde

adelante de

üzerinde

por encima de

üstünde

sobre

altında

debajo de

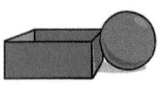

yanında

al lado de

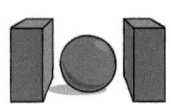

arasında

entre

yer

lugar